AF356912

LE

Génie Français

Au Centenaire de 1789

LE
Génie Français

AU
Centenaire de 1789

PAR MM.

CHARLES GARNIER, de l'Institut. — JULES SIMON, de l'Institut
GUILLAUME, de l'Institut. — MAREY, de l'Institut
LOUIS DE RONCHAUD, Directeur des Musées nationaux. — DARCEL, Directeur du Musée des Thermes et de Cluny
GONSE, Directeur de la *Gazette des Beaux-Arts*
GERSPACH, Administrateur de la Manufacture nationale des Gobelins
PAUL MANTZ, ancien Directeur Général des Beaux-Arts. — H. HAVARD, membre du Conseil supérieur des Beaux-Arts
E. THIERRY, ancien Directeur du Théâtre-Français, Conservateur-Administrateur de la Bibliothèque de l'Arsenal
FUCHS, Ingénieur en chef des Mines, Professeur à l'École des Mines
JULES LAVERRIÈRE, membre de la Société nationale d'Agriculture. — Le Gouverneur CHESSÉ
LOUIS ULBACH, Conservateur adjoint de la Bibliothèque de l'Arsenal
E. AGOSTINI, ancien Commissaire Général de l'Exposition Internationale d'Amsterdam 1883
etc., etc., etc.

Préface de LOUIS ULBACH

PARIS

MAISON QUANTIN

COMPAGNIE GÉNÉRALE D'IMPRESSION ET D'ÉDITION

7, RUE SAINT-BENOIT

1887

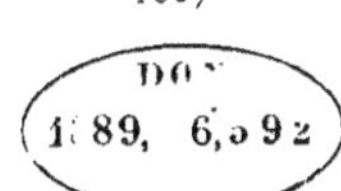

PRÉFACE

N a discuté le monument qu'il s'agissait
d'élever au Centenaire de 1789, un trophée,
une statue, un palais!

La tour gigantesque, si elle n'est pas
la revanche de la tour de Babel, ne saurait
être le symbole de cette émancipation égali-
taire qui, en nivelant les droits en France,
a lancé dans le monde entier des ferments
de liberté. Elle sera un des phénomènes, une des audaces du génie
industriel français : elle ne sera pas la représentation visible, par-
lante, du génie universel de la France.

Ce monument cherché, plus dur que la pierre, le fer ou le
marbre, plus éloquent que toutes les merveilles de la statuaire ou
de l'architecture, indestructible et vivant comme le souffle même de la
vie ; que nulle révolte de la barbarie, toujours grondante dans le
cendrier même du foyer de la civilisation, ne saurait détruire ; qui

planera plus haut que la tour; qui étendra son rayonnement plus loin que l'horizon du phare le plus incandescent, c'est le livre que j'annonce, et qui, écrit sous la dictée même des génies de la science, de l'art, de l'industrie, restera le procès-verbal immuable et le poème des travaux, des conquêtes définitives et des espérances immortelles de la France en 1889.

Comme les voyageurs qui, arrivés à un sommet, trouvent un registre pour inscrire la date de leur ascension, de leur respiration fière au-dessus des abîmes franchis, les travailleurs de la France s'inscriront sur ces pages, pour attester le chemin glorieux parcouru depuis que la science, l'art, l'industrie, émancipés des vieilles entraves des jurandes, ont continué, sans relâche, l'œuvre de progrès rapide inaugurée par la Révolution de 1789.

Ces annales superbes, que toutes les perfections de la typographie, de l'illustration doivent consacrer, certifieront au monde que si la France, se relevant, peu de temps après ses défaites, en 1878, a convié noblement toutes les nations à une hospitalité sans rancune et sans humiliation, elle a pris le temps encore de préparer une fête plus belle, qui doit triompher de toutes les rivalités, en ouvrant des sources profondes d'estime, d'admiration, de sympathie.

En 1798, François de Neufchâteau, qui était un ministre supérieur à son propre talent, disait avec enthousiasme, lors de la première exposition décrétée par lui : « La liberté appelle les arts utiles, en allumant le flambeau d'une émulation inconnue sous le despotisme, et nous offre ainsi les moyens de surpasser nos rivaux et de vaincre nos ennemis. »

L'emphase patriotique de ces paroles a perdu depuis son égoïsme. Il ne faut en retenir que le sentiment essentiellement français qui inaugurait la première de ces grandes assises où notre génie se contemplait pour mesurer ses forces et se montrait au monde pour lui faire honte de la haine et de la guerre.

II

Le génie français n'a de vertu que par l'expansion, et comme il met son goût, sa poésie, son idéal, son sentiment, dans toutes les découvertes, même les plus vulgaires; comme il n'a pas de spécialité immuable dont il veuille être avare, il met son originalité à rayonner à travers tout, au-dessus de tout et pour tous.

On a dit que nos expositions faisaient du tort à nos industries, en livrant des modèles qu'on copiait ailleurs, à meilleur compte, au delà de la frontière, au delà même de l'Océan.

Si ce reproche est fondé, il provoque des réformes dans les traités de commerce, dans les conventions de douanes, dans les arrangements intérieurs; il pose de nouveaux problèmes à nos économistes, à nos industriels, à nos artistes; mais, en tout cas, il ne semble décourager personne. Notre vocation reste supérieure à nos intérêts, et, malgré les concurrences, les crises, la France demeure fidèle à la mission qu'elle a reçue en 1789, qu'elle a commencé à appliquer en 1798; elle verse sur le monde la lumière de ses ateliers. Elle est toujours persuadée, quand même, que l'indiscrétion de son industrie ne doit pas lui faire plus de tort que l'indiscrétion de ses idées. Il y a un secret qu'on ne lui dérobera jamais et qui ne s'épuisera pas, c'est celui qui est incessamment renouvelé par nos inventeurs, nos industriels, nos artisans, nos artistes; non pas un secret qu'on puisse breveter, mais une flamme qui s'avive sans cesse, à laquelle tous les flambeaux s'allument sans jamais l'éteindre.

Chose singulière, la France, qui perfectionne tout, est parfois un peu lente à adopter les avantages de certaines découvertes du dehors. Elle se laisse devancer dans des applications, souvent même des progrès, dont elle a eu la première idée. Elle admet des rivaux;

elle ne se hâte pas d'être une rivale. Son esprit critique la maintient quelque temps en méfiance. Mais quand elle est persuadée, elle fait doubler le pas à la découverte en lui donnant des ailes.

On a souvent dit que les artistes venaient demander à la France la consécration de leur gloire et leur gloire elle-même. On peut en dire autant des savants, des industriels, qui ne croient définitivement à leur génie que quand la France y croit.

Elle pourrait aussi exercer des revendications et reprendre au monde plus d'un inventeur que la proscription lui a enlevé.

Combien de penseurs, d'artistes, de savants qui, dispersés par la révocation de l'Édit de Nantes, ont été semer sur une terre étrangère des germes qui ont fleuri lentement et qui se seraient épanouis vite dans la terre de France?

Pour n'en citer qu'un, si Denis Papin, ce médecin encyclopédique que la persécution contraignit à s'expatrier, était resté dans son pays, nous aurions peut-être employé la vapeur un siècle plus tôt, ainsi que l'a fait remarquer M. Jules Simon dans son éloquent rapport sur l'Exposition universelle de 1878.

C'est un Français, en tout cas, qui a fait cette grande découverte, à laquelle Napoléon refusait de croire, pour ne pas désobliger peut-être son ancêtre Louis XIV.

III

La Révolution de 1789 a eu sa genèse dans l'Encyclopédie. Il est juste qu'un livre consacre le centenaire pour ainsi dire d'un livre, et jamais (j'insiste sur ce point qui est notre gloire) une œuvre ne fut plus française, ne satisfit mieux notre génie national que ce recueil des cahiers de l'esprit humain, précédant les cahiers des États de 1789.

La France a eu des grands hommes absorbés dans une œuvre unique; mais les plus grands, parmi les grands, ceux qui ont laissé l'empreinte la plus profonde, ont été des esprits encyclopédiques, ne se bornant pas à une œuvre seule, ou laissant filtrer, à travers cette œuvre, l'irradiation de leur activité universelle.

Rabelais, qui a touché à tout, avec sa main d'anatomiste et d'écrivain moqueur, Rabelais que Ginguené traitait d'ancêtre direct de la Révolution française, et en qui il trouvait les premiers éléments de la constitution civile du clergé, n'est-il pas un esprit encyclopédique et absolument français?

Sans m'arrêter à Pascal, pour arriver vite à Voltaire, ne peut-on pas dire que ce dernier n'a droit à l'immortalité du génie, et d'un des plus grands génies nationaux, que parce qu'il a été un génie multiple, toujours en travail, à propos de tout ce qui intéresse l'humanité?

Napoléon Ier, quoi qu'en puissent murmurer nos consciences, n'a-t-il pas été nationalisé, moins par son génie spécial et supérieur dans l'art de la guerre, que par cette activité française qu'il mettait à traiter toutes les questions, si étrangères qu'elles lui fussent?

Le grand poète dont nos enfants célébreront le centenaire à la première étape de son immortalité, Victor Hugo, n'a-t-il pas, lui aussi, ce caractère encyclopédique? N'a-t-il pas conquis, par ce génie qui planait sur le sien et qui le dirigeait vers les Quatre vents de l'esprit, ce titre inéluctable de poète national?

Lamartine, lui-même, n'a-t-il pas, à la tribune comme sur les sommets lyriques, envisagé toutes les questions? Si la France lui doit des poèmes inoubliables, elle lui doit encore les voies pratiques sur le canal de la haute Seine, sur les chemins de fer, qu'il voulait et qu'il fit exécuter, malgré l'opposition des savants comme Arago, des hommes politiques comme M. Thiers, et encore sur bien des questions de commerce et d'industrie qu'il pénétrait et transfigurait de son éloquence?

IV

*C'est donc, tout d'abord, sous l'invocation de ces génies essen-
tiellement français qu'un livre destiné à raconter les merveilles
du Centenaire de 1789 doit être placé. C'est devant le concert de
ces esprits prodigieux qui se mêlaient à tous les esprits de leur
temps, depuis l'atelier de l'artiste jusqu'à l'atelier de l'artisan, depuis
le cabinet du philosophe jusqu'au laboratoire du savant, c'est devant
eux qu'il faut consacrer cet accord splendide de tout ce qui est la
force industrielle, commerciale de la France, avec tout ce qui fait
sa lumière idéale.*

*1789 a proclamé la liberté des métiers; 1889 fête leur union.
Autrefois, les artistes affectaient de dédaigner les industriels, les
ouvriers. Ils exigeaient des expositions à part, spéciales. Aujour-
d'hui, conviés à achever, à embellir l'œuvre de l'outil, ils donnent
des modèles pour l'ameublement, pour l'ornement des édifices
privés, des édifices publics, des mairies, des gares de chemins de
fer, pour la moindre illusion du travailleur qui veut se reposer
le cœur, en épanouissant, en renouvelant son imagination.*

*La science, l'art, l'industrie sont comme les trois Grâces
enlacées, qui échangent le même sourire d'encouragement. Elles
ne peuvent plus se bouder; elles sont solidaires. On garantit désormais la propriété de l'idée, de l'œuvre d'art, comme on garantit
l'œuvre du fabricant. L'artiste admire l'ouvrier, lui emprunte ses
procédés, et l'ouvrier, en retour, dans les expositions du travail,
mérite, sans étonner personne, d'être récompensé comme un
artiste.*

*Dans les vieilles métaphores de l'éloquence politique, on disait
que le commerce est le lien des nations. On peut dire aujourd'hui
que le travail quel qu'il soit, travail de la plume, du marteau,*

du ciseau, du pinceau, de l'aiguille, de l'étau, du métier, est le lien fraternel des hommes de la génération nouvelle.

Est-ce que les artistes n'ont pas tous les jours à remercier les savants qui leur découvrent des couleurs et leur donnent des métaux nouveaux, qui perfectionnent et inventent des instruments plus souples à l'harmonie ? Est-ce que les industriels n'ont pas à remercier les artistes qui permettent de vulgariser le sentiment du beau, à l'aide de produits utiles ?

Il y a une émulation mutuelle à agrandir la vie en lui élargissant l'horizon.

Christophe Colomb n'a découvert un monde que parce qu'il cherchait un chemin plus court, pour avoir des épices à meilleur marché. L'humanité moderne est dans le sillage du vaisseau de Colomb. Elle va, elle va vers des terres inconnues, pour avoir les épices à meilleur compte, mais en faisant entrer, pendant la traversée, dans son regard levé en haut et dans son esprit recueilli, le plus d'immensité possible.

Le livre que nous annonçons et qui sera facilement un chef-d'œuvre, puisqu'il sera le miroir des chefs-d'œuvre, parlera donc de tous les Français qui auront apporté leur tribut à cet autel de la fédération du travail.

Le génie français, dans toutes ses manifestations, sera évoqué religieusement, patriotiquement.

C'est ainsi que le livre, qui profite en définitive de toutes les conquêtes de l'esprit humain, fera son devoir dans cette fête unique et suspendra son trophée, sans précédent, à ce temple sans rival. Nous espérons que, grâce à nous, le Centenaire aura ses tables d'or impérissables, et que le génie national laissera sur ces pages le reflet exact, éblouissant de son rayonnement.

Toute la gloire de cette entreprise reviendra à ceux dont on parlera. Nous n'aurons que l'orgueil de les avoir fait admirer.

Un jour, un courtisan du régime qui allait finir en 1789 disait à Malesherbes, le plus honnête homme de son temps :

« Monsieur, je vous méprise ! »

Malesherbes sourit et, se redressant un peu, répondit :

« Je vous en défie ! »

Je n'ose supposer qu'il se trouve en Europe, après le Centenaire de 1789, un impertinent ou un jaloux pour affecter de mépriser la France. Mais, dans ce cas improbable, tous nos artistes, tous nos ouvriers, tous nos industriels, tous nos écrivains pourraient, en brandissant ce livre étincelant, s'approprier la réponse de Malesherbes et crier :

« Nous vous en défions ! »

Louis **ULBACH**.

CHAPITRE VIII

LES TISSUS D'ORNEMENT

TAPISSERIE, TAPIS, TENTURES

I

LA TAPISSERIE

L y avait longtemps déjà que les dieux de l'Olympe, offensés sans doute par le sans-façon avec lequel François Boucher les avait traités, ne descendaient plus dans l'atelier des artistes qui fournissaient des modèles à la tapisserie, lorsque la Révolution vint donner une nouvelle direction à l'art en général et à l'art décoratif qui en est une branche. Aux antiques sujets de la Fable, car de

ceux de l'Évangile il n'en était plus question depuis longtemps,
avaient succédé les sujets historiques, et surtout nationaux. Thèmes
bons à faire des tableaux, mais non à donner pour modèles à des
tentures destinées à s'allier avec l'architecture où l'on avait l'ha-
bitude de les encadrer. Aux magnifiques bordures qui les entou-
raient jadis on avait substitué une imitation de bois sculpté et doré,
si bien qu'on avait fini par trouver qu'il y avait superfétation, une
moulure réelle s'ajoutant à des moulures feintes, et que l'on sup-
prima ces dernières.

Aussi les tapisseries étaient-elles devenues de simples tableaux
de laine. Telles étaient les pièces d'une tenture de l'*Histoire de
Henri IV*, dont les sujets étaient d'ailleurs singulièrement choisis,
qui fut mise sur les métiers des Gobelins en même temps qu'une
tenture de l'*Histoire de France* quelques années avant 1789.

Ces histoires étaient devenues promptement surannées, aussi
leur substitua-t-on bientôt quelque chose comme les Quatre Sai-
sons, mais traitées dans un style emphatique et froid, œuvres destinées à célébrer le culte de la Nature que J.-J. Rousseau venait de
mettre à la mode. Puis, l'histoire moderne n'étant encore qu'en
train de se faire, on eut recours aux images de l'ancienne, de celle
qui pouvait exalter le patriotisme et la vertu, telles que les pei-
gnaient les artistes académiques qui, marchant à la suite de Vien,
préparaient la voie à David.

En ce temps-là le sens décoratif de la tapisserie était si bien
oublié ; on la considérait si bien comme simplement destinée à
reproduire en laine un sujet quelconque, qu'en l'an II la Convention
décréta que l'on exécuterait aux Gobelins les deux tableaux de la
Mort de Marat et de la *Mort de Lepelletier* : ce qui d'ailleurs ne
fut jamais fait.

Le bon sens fut plus fort que les décrets, car un jury d'examen nommé par le comité de salut public afin de réformer le passé, de pourvoir au présent et de préparer l'avenir des manufactures nationales, dressa un programme qui malheureusement ne fut point suivi. Il était fort sage et tendait à ramener la tapisserie aux beaux temps de la Renaissance. On y demandait de revenir aux sujets historiques et même allégoriques combinés avec d'indispensables bordures, et l'on allait jusqu'à conseiller des compositions exclusivement décoratives. C'était parler d'or. Mais la pratique n'écouta point la théorie et resta occupée à la copie des tableaux, si longtemps même qu'au bout d'un siècle on a grand'peine à en sortir.

Sous le Consulat et sous l'Empire, l'on n'eut rien de plus pressé que de mettre sur le métier les tableaux peints à la gloire du maître. Mais les événements marchaient plus vite que les tapissiers, de sorte que l'Empire tombait avant que l'on eût achevé tout ce qu'on avait entrepris. Sauf quelques portières cependant, et les meubles destinés à la salle du Trône et aux salons d'apparat dont Percier avait donné les modèles, rien de tout cela ne présentait de caractère décoratif. C'étaient des tableaux en laine que l'on eût été fort en peine de placer après leur achèvement.

Si la manufacture par excellence suivait de tels errements, que pouvaient faire celles qui se guidaient sur elle ? Celle de Beauvais célébrait cependant l'indépendance de l'Amérique par des allégories bizarres, tout en continuant à fabriquer des tapisseries dans le goût nouveau, destinées à garnir les sièges. Celles d'Aubusson la suivaient, abandonnant aussi les tentures à personnages qu'elles estropiaient trop souvent, et dont elles ne trouvaient plus le débouché. Les fables de La Fontaine, les pastorales de François Boucher et les fleurs servaient de modèles à leurs tapissiers.

La Restauration substitua les portraits des membres de la famille royale à ceux de la famille déchue, fit quelques politesses aux souverains alliés avec des copies de tableaux sans signification politique, fit exécuter un certain nombre d'orfrois, destinés à orner des vêtements sacerdotaux, et passa.

Louis-Philippe arrive et un plus juste sentiment du rôle de la tapisserie semble se manifester. Après avoir fait exécuter les copies de quelques-uns des tableaux de la galerie de Marie de Médicis, d'après Rubens, que l'on eut le tort de ne point entourer d'une large bordure dans le genre de celles que le règne de Henri IV avait laissées, le roi confia aux peintres Alaux et Couder le soin de continuer la tenture des Résidences, qui fut l'une des plus heureuses entreprises du temps de Louis XIV. L'architecture, le paysage, l'orfèvrerie, les étoffes, les fleurs et les animaux, les humains même y sont combinés dans de belles bordures et en font des chefs-d'œuvre. La royauté de Juillet tomba avant que les pièces qui devaient représenter le Palais-Royal, le Louvre et le palais de Saint-Cloud fussent terminées. Le second Empire n'eut qu'à en changer les armoiries et les attributs pour se les approprier.

Il n'y avait plus qu'à suivre cette direction nouvelle : mais on hésita longtemps ou plutôt des raisons d'économie, qui ont toujours pesé si lourdement sur les manufactures, lorsqu'elles ont fait partie d'une liste civile, jointes à des habitudes prises, continuèrent de faire exécuter en tapisserie des fac-similés des tableaux quelconques copiés en Italie par les pensionnaires de la villa Médicis ou par les artistes en mission. La décoration d'un salon du palais de l'Élysée, cependant, motiva un retour aux tapisseries exclusivement décoratives. Reprenant un thème développé par Claude Audran au commencement du XVIIIe siècle pour composer des portières qui sont restées célèbres, Paul Baudry introduisit des figures symbolisant les cinq sens dans des alentours imaginés par M. J. Diéterle. Pendant ce temps on tissait à Beauvais, sur les modèles de M. Chabal-Dussurgey, des sièges dont les fleurs étaient le principal motif, quelques trumeaux d'après les peintres de fleurs et d'orfèvrerie du XVIIe siècle, et même des pilastres pour les accompagner dans les palais impériaux.

La nouvelle République trouva les ateliers des Gobelins en partie brûlés, ainsi que ce qu'on y fabriquait. Après plusieurs années de tâtonnements, comme les idées s'étaient modifiées sur le rôle de la tapisserie et sur les qualités que l'on devait en exiger, les manufactures nationales tentèrent résolument de revenir à la pratique simple du passé avec des sujets nouveaux.

D'ailleurs les commissions que le gouvernement installa auprès d'elles, en instituant des concours entre les artistes pour le choix et l'exécution de modèles ayant une destination précise, ne purent que les faire persévérer dans cette voie où l'industrie les suit, mais avec d'autres pensées. Comme c'est la clientèle qu'elle cherche à flatter pour la conquérir, elle suit ses goûts sans oser lui imposer les siens. Or comme celle-ci s'est prise d'une belle passion pour les tapisseries anciennes, celles du XVIIIe siècle surtout, ce sont celles-ci que l'on imite, avec leurs couleurs passées et leur apparence de vétusté. Lorsqu'il s'agit de tapisseries destinées à garnir les meubles elle ressasse encore les anciens thèmes du XVIIIe siècle, jadis composés par F. Boucher, J.-B. Leprince, J.-B. Huet ou Casanova. Elle ne demande rien aux artistes qui pourraient montrer quelque individualité et ne seconde en rien le mouvement vers un art décoratif de caractère personnel et moderne dans lequel les manufactures de l'État sont entrées. Car ce sont des artistes surtout qu'il faut former en les

appelant à appliquer leur talent et leur goût à des œuvres ana·
logues à celles que Charles Le Brun, Noël Coypel, François de
Troy et d'autres inspiraient jadis, pour ne parler que de ce qui
s'est passé en France.

Mais les exécutants, quels qu'ils soient : qu'ils appartiennent
aux manufactures de l'État ou à l'industrie, ont aussi une réforme
à faire sur eux-mêmes, c'est-à-dire sur leur façon de travailler.
Une trop longue tradition les a façonnés à la copie littérale du
modèle, tandis que c'est à une interprétation libre et large qu'il
faudrait revenir, à celle qui fut de pratique constante depuis les
origines de la tapisserie jusqu'au déclin du xviiie siècle. A être sim·
plifiées, leurs œuvres prendraient quelque chose de grand et de
monumental qui les rendraient plus propres à décorer un mur
que ce que l'on tissait naguères de façon à le percer par un
trompe-l'œil.

L'Exposition de 1889 montrera d'ailleurs le point où sont arrivés les auteurs des cartons nouveaux et ceux à qui l'exécution
en est confiée.

La mécanique, qui a tout envahi, devait appliquer à la tapisserie ses merveilleuses inventions. Dès l'année 1827, un industriel
de Soissons commença par exécuter quelques motifs très simples,
camaïeux à trois couleurs seulement. Cette fabrication se continua
sans grand éclat jusqu'à ce qu'elle eût été reprise à Neuilly, en
1854, avec des métiers plus perfectionnés et permettant de com-
biner des couleurs plus nombreuses. Ces produits, connus sous le
nom de « tapisseries de Neuilly », entrèrent dans la consommation
avec plus d'éclat que de réel succès, car l'on n'en parle plus guère.

C'étaient des tissus d'usage courant, destinés à couvrir les
meubles ou à draper en portières, les seuls qui permissent de

reproduire de nombreux exemplaires d'un même dessin et de couvrir les frais de premier établissement du modèle.

Quant aux grandes tentures ne pouvant donner lieu à de nombreuses repliques, car les conditions de surface, d'éclairage et de style varient d'un appartement à l'autre, on ne put songer à en fabriquer mécaniquement qu'à l'occasion des expositions, en guise de chefs-d'œuvre. Un industriel parisien qui apporte dans la fabrication des tissus un esprit très ingénieux à en varier l'aspect, exécuta la copie de l'une des pièces de la tenture des *Chasses de Maximilien*. Mais, pour obéir à la mode, il adopta les tons passés d'un modèle qui a subi pendant trois siècles les atteintes de la lumière.

Un autre industriel qui tissa une tenture représentant Jeanne d'Arc à Reims, d'après un modèle nouveau, adopta également les tons gris et éteints des anciennes tapisseries. Car tout avait revêtu la livrée du gris sale dans les différentes sections de la classe des tissus d'ameublement à la dernière Exposition, par suite de l'engouement du public pour tout ce qui est vieux, quelle qu'en soit la qualité.

A. DARCEL.

VESTIBULE D'HONNEUR

Exécuté par MM. A. Damon et Cie.

’AMEUBLEMENT est une des branches de l'industrie qui, pour atteindre le degré de perfectionnement auquel elle est arrivée en France, a eu besoin de demander à l'art et à la science le concours le plus soutenu.

Il faut descendre jusque dans les détails de fabrication de ces mobiliers de tous styles et de tous genres, de ces ornementations féeriques, de ces arrangements gracieux ou sévères qui invitent à l'étude ou prédisposent au farniente pour se rendre un compte exact des progrès accomplis.

Quand on est introduit dans un hôtel particulier ou dans le cabinet d'un personnage, dans le salon d'une grande dame ou le boudoir d'une petite-maîtresse, quand on pénètre dans un intérieur bourgeois, voire même dans le logis de l'ouvrier, on ne

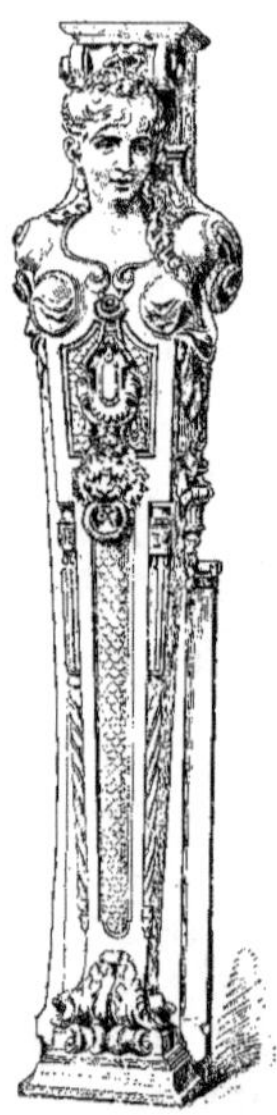

peut se défendre d'une inspection rapide des yeux comme pour demander au cadre dans lequel vivent les personnes que vous allez voir un indice de leur caractère, un reflet de leur nature.

Quand, au contraire, on visite un monument public ou un palais, on se borne à enregistrer dans un coin de son cerveau les merveilles que l'on admire comme pour fixer dans sa mémoire l'empreinte historique dont ils vous transmettent le souvenir.

Il est donc tout aussi difficile d'orner les demeures particulières que de décorer les monuments. Si, dans le premier cas, celui qui dirige de semblables travaux doit s'attacher à mettre le cadre qui lui est confié en harmonie avec les personnages qui doivent s'y agiter, la nécessité de pouvoir donner libre carrière à son imagination, tout en ayant conscience de la portée de son œuvre, s'impose dans le second.

Aussi n'est-il pas surprenant de voir solliciter, même par les monarques les plus autoritaires, le concours des artistes éclectiques de la France républicaine, et MM. Damon et Cⁱᵉ brillent au premier rang parmi les créateurs des plus merveilleux palais royaux.

L'Égypte et le Cambodge leur ont successivement fourni ces rares occasions dans lesquelles on ne se voit rien marchander pour

rehausser l'éclat, un peu terni, de ces vieux trônes asiatiques, tandis
que le jeune royaume de Roumanie leur confiait la délicate mission
de décorer le palais qui voyait lever l'aurore de la nouvelle période
de son histoire.

Que l'on aille à Saint-Pétersbourg ou à Rio de Janeiro, en
Espagne ou dans l'Inde, on ne compte plus les somptueuses
demeures des princes et des
planteurs, des grands et des
radjahs qui ont été embellies
et transformées par l'industrielle magie de MM. Damon.

Il faut dire, il est vrai,
qu'ils empruntent à la science
tous ses procédés les plus
nouveaux pour assurer aux
travaux qu'ils entreprennent
le succès partout rencontré;
aussi ne se borne-t-on pas
à leur demander uniquement
le meuble proprement dit
dans lequel ils excellent, mais les charge-t-on également d'exécuter
en entier ces ensembles merveilleux qui ont le secret de séduire
les yeux et l'imagination en mariant artistiquement les tentures,
les meubles, les boiseries, les draperies, les objets d'art.

C'est en France même et à Paris surtout que l'ancienne
maison Kriéger a trouvé la consécration de sa réputation. Les
sommités de l'architecture française viennent chaque jour lui con-
fier l'exécution de leurs projets, sachant par expérience ce que
l'on peut attendre d'un semblable auxiliaire.

Le goût du jour est aux boiseries artistiques, et ce n'est pas seulement dans le mobilier que l'on recherche le style et le fini ; on demande également la perfection et l'harmonie dans les lambris, les cheminées, les rampes d'escalier, les plafonds, etc., etc., et là ce n'est plus le simple travail du menuisier qui est nécessaire à l'architecte, mais bien la main plus délicate de l'ébéniste, et les Damon

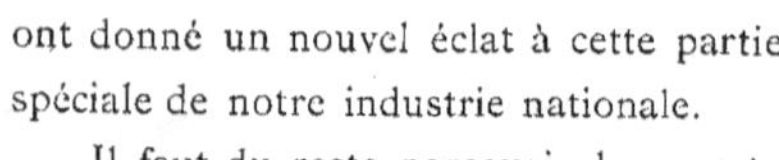

ont donné un nouvel éclat à cette partie spéciale de notre industrie nationale.

Il faut du reste parcourir leur vaste établissement pour se faire une idée de l'importante place qu'occupe l'industrie de MM. Damon et Cie dans notre civilisation contemporaine.

Sans parler des immenses galeries dans lesquelles on peut passer en revue les innombrables modèles de tous les meubles courants qu'ils fabriquent, sans s'arrêter à ces salles tout agencées qui donnent une idée de leurs ensembles, il faut se rendre dans les ateliers de photographie et de dessin pour embrasser d'un coup d'œil la portée de l'industrie de MM. Damon. C'est en effet dans cette partie de l'établissement que naissent toutes les conceptions, que se font toutes les recherches, que se composent tous les projets.

Le style et la fantaisie, le frivole et le sévère, le radieux et l'austère, le resplendissant et le sombre se choquent et s'entremêlent dans ce laboratoire essentiellement moderne où l'art demande chaque jour à la science le secours de ses incessants progrès.

SALON DE RÉCEPTION

Exécuté dans un château hollandais par MM. A. Damon et Cie.

BAHUT RENAISSANCE

EXÉCUTÉ PAR MM. A. DAMON ET Cie

Le fondateur de la maison, l'alsacien Antoine Kriéger, venait modestement, en 1840, s'établir au n° 74 du faubourg Saint-Antoine, emplacement que la manufacture occupe encore aujourd'hui.

M. Kriéger débuta avec dix ouvriers, se faisant remarquer par la bonne fabrication du meuble courant, auquel il joignit bientôt l'industrie spéciale des sièges.

Les affaires ne tardèrent pas à prospérer et la maison s'agrandit rapidement. En 1848 elle inscrivait son nom dans l'histoire de la Révolution par l'incident de la cloche, devenu légendaire dans le faubourg.

Les fabriques de papiers peints voisines de l'établissement Kriéger avaient chacune une cloche qui donnait aux ouvriers le signal de l'entrée et de la sortie des ateliers. M. Kriéger, pensant qu'il pourrait aussi faire usage de ce signal pour son personnel, fit installer une cloche qui tinta une seule et unique fois le 23 février 1848, à l'heure de midi. Le patron avait compté sans l'esprit d'indépendance des ouvriers ébénistes et tapissiers, qui se mutinèrent contre cette assimilation aux corps d'états voisins. Une véritable émeute s'ensuivit, tous les ouvriers du faubourg se mêlèrent aux mécontents, et la troupe fut obligée d'intervenir. Ce fut le premier mouvement de la Révolution qui devait éclater le lendemain dans toute sa force.

La cloche est encore là, muette depuis son éclatante volée et qui, si elle ne résonne plus, semble toujours vouloir perpétuer par sa présence le souvenir de son retentissant appel.

Toute une série de personnages lui fit, après la Révolution, les honneurs d'un véritable pèlerinage. J'estime même que la cloche célèbre n'a peut-être pas nui à la prospérité de la maison Kriéger dont la renommée allait toujours grandissant.

De 1860 à 1870, MM. Cosse et Racault, gendres du fondateur, lui succédèrent, et, en 1870, la maison passait aux mains des neveux, les Damon, qui lui donnèrent un nouvel essor avec le concours de MM. Colin, Namur, Delahaye, Millot et Lépine.

La raison sociale actuelle est A. Damon et Cie.

Un demi-siècle s'est écoulé depuis la fondation de l'établissement, qui est maintenant à son apogée. La renommée est venue consacrer le talent et l'habileté des chefs qui se sont succédé, toujours fidèles aux traditions de leurs devanciers. Leurs noms sont désormais inscrits sur les tables d'or de l'industrie française.

www.ingramcontent.com/pod-product-compliance
Lightning Source LLC
LaVergne TN
LVHW021702170726
843501LV00007B/2663